LES FESTES DE L'HIMEN ET DE L'AMOUR; OU LES DIEUX D'ÉGYPTE,

BALLET HÉROÏQUE.

Donné à Verſailles le quinze Mars 1747.

Repréſenté pour la premiere fois

PAR L'ACADÉMIE ROYALE DE MUSIQUE,

Le Mardi cinq Novembre mil ſept cent quarante-huit,

Et remis au Théâtre le Mardi 9 Juillet 1754.

PRIX XXX SOLS.

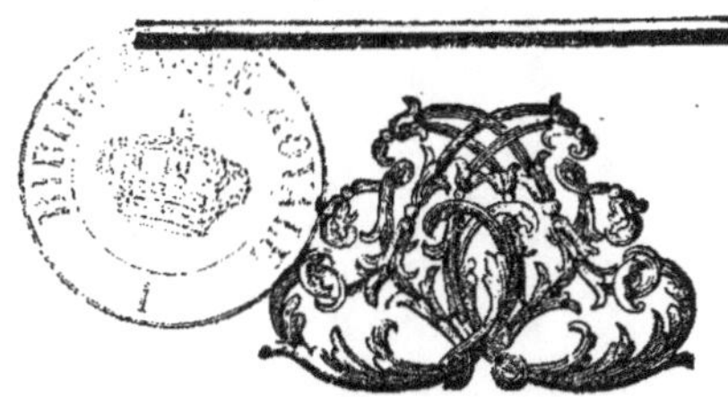

AUX DÉPENS DE L'ACADÉMIE.

A PARIS, Chez la V. Delormel & Fils, Imprimeur de ladite Académie, rue du Foin, à l'Image Ste. Geneviéve.

On trouvera des Livres de Paroles à la Salle de l'Opéra.

M. DCC. LIV.

AVEC APPROBATION ET PRIVILEGE DU ROY.

Le Poëme est de M. DE CAHUSAC, de l'Académie Royale des Sciences & Belles Lettres de Prusse.

La Musique de M. RAMEAU.

LES FESTES
DE L'HIMEN
ET DE L'AMOUR,
OU
LES DIEUX D'ÉGYPTE.

ACTEURS CHANTANS

Dans les Chœurs.

Côté du Roi.		Côté de la Reine.	
Mesdemoiselles.	*Messieurs.*	*Mesdemoiselles.*	*Messieurs.*
Larcher.	Lefebvre.	Rollet.	S. Martin.
Cazeau.	Le Page, C.	Daliere.	Gratin.
LeTourneur	Marotte.	Masson.	Le Mesle.
La Croix.	Levesque.	Gondré.	Albert.
Sallaville.	Le Roy.	Héry.	Chapotin.
Gaultier.	Selle.	Adelaïde.	Favier.
De S. Hilaire	Roze.	Lachanterie	Feret.
Béfort.	Robin.	Dauger.	Du Perrier.
Edmée.	Antheaume.	Beyssac.	Lombard.
	Farent.	Dubois, c.	Laurent.
			Jouven.

L'Auguſte Mariage pour lequel ce Ballet a été repréſenté, rendoit néceſſaire le Prologue qui le précede. C'eſt une Epithalame en action, qui prépare, par la réunion de L'HIMEN ET DE L'AMOUR, les trois Entrées qui le ſuivent.

Dans la *Premiere*, ces Dieux aimables triomphent de la férocité d'un peuple ſauvage. L'AMOUR l'éclaire. L'HIMEN le rend heureux.

Une Nimphe digne de ſon bonheur, ſaiſit dans la *Seconde*, ces momens délicieux que l'Amour ſeul peut faire naître, pour déſarmer la colere d'un Dieu terrible : Elle obtient la grace de ſa Patrie, qu'un zéle aveugle avoit rendue coupable, & l'Himen qui l'unit à l'Amant qu'elle adore, eſt une ſource éternelle de bienfaits pour ſes Concitoyens.

Dans la *Troiſiéme* enfin, L'HIMEN eſt l'Objet & le prix des Jeux célébrés en l'honneur de la Déeſſe ISIS. Ils deviennent la fête de L'HIMEN, la récompenſe des Talens, & le bonheur de L'AMOUR.

☞ *Cet Ouvrage n'a paru juſqu'ici que dans la ſaiſon qui exige de grands Spectacles. En ſe déterminant à le reprendre dans celle où on ne ſçauroit les donner trop courts, on a été obligé de paſſer le Prologue.*

ACTEURS DU PROLOGUE.

L'AMOUR,
L'HIMEN,
UN PLAISIR,
GRACES, PLAISIRS, JEUX & RIS, } *de la* SUITE DE L'AMOUR.
VERTUS, *de la* SUITE DE L'HIMEN.

PERSONNAGES DANSANS.

LES GRACES.

JEUX ET PLAISIRS,

VERTUS.

LES FESTES DE L'HIMEN ET DE L'AMOUR, OU *LES DIEUX D'EGYPTE.*

PROLOGUE.

Le théâtre représente le Palais de L'AMOUR *: ce Dieu est placé sur un trône de fleurs : Il est sans armes, & il paroît plongé dans une profonde tristesse. Les Graces, les Jeux, les Ris, & les Plaisirs s'empressent autour de lui.*

SCENE PREMIERE.

L'AMOUR, UN PLAISIR, LES GRACES, JEUX, RIS ET PLAISIRS.

UN PLAISIR.

DIEU charmant, essuyez vos pleurs;
Les peines de l'amour sont le malheur du monde.
Les Jeux, les Plaisirs enchanteurs
Ne pouront-ils calmer votre douleur profonde?

UN PLAISIR, et le Chœur.

Dieu charmant, essuyez vos pleurs;
Les peines de l'amour font le malheur du monde.

BALLET.

Les Graces s'efforcent de consoler l'Amour: Sa tristesse continue, elles quittent leurs parures & tous leurs ornemens qu'elles déposent aux pieds de l'Amour.

L'AMOUR.

Mon trop juste dépit ne peut plus se calmer...
Eloignez-vous Plaisirs, cessez de me contraindre.

UN PLAISIR.

Le Destin en couroux doit-il vous allarmer?
Qu'a-t'on à craindre
Quand on a le don de charmer?

L'envie a beau s'armer
Elle est forcée à feindre.

Qu'a-t'on à craindre
Quand on a le don de charmer?

Un regard suffit pour éteindre
La haîne prête à s'enflâmer.

Qu'a-t'on à craindre
Quand on a le don de charmer?

LE

LE BALLET FIGURÉ continue.

UN PLAISIR.

Dans les ennuis, dans les allarmes,
Eh! Pourquoi consumer vos charmes,
Quand tout vous presse d'en jouir?

Vos beaux yeux ne doivent s'ouvrir
Qu'à ces délicieuses larmes,
Qu'arrache à la tendresse un excès de plaisir.

L'AMOUR.

Je perdrois toute ma puissance!
L'Amour reconnoîtroit des loix!..
Un Rival, à mon char enchaîné tant de fois,
Me verroit à son tour sous son obéissance!..

UN PLAISIR, ET LE CHŒUR.

Dieu charmant, *&c.*

L'AMOUR.

Cruel Destin! Quel arrêt rigoureux!..
A l'Himen, il est vrai, j'ai déclaré la guerre,
Il régnoit en tyran sur des cœurs malheureux:
Ma victoire a comblé leurs vœux.
Destin, tu me punis du bonheur de la terre.

On entend une Symphonie brillante.

L'AMOUR ET LE CHŒUR.

Quels ſons brillans font retentir ces lieux !..

L'AMOUR.

Ciel ! C'eſt l'Himen !

SCENE II.

L'AMOUR, L'HIMEN, SUITE DE L'AMOUR ; VERTUS DE LA SUITE DE L'HIMEN, *qui portent les armes & le flambeau de* L'AMOUR.

L'HIMEN.

Fuyez, fuyez ſombre triſteſſe,
Laiſſez regner les Jeux dans cette aimable Cour,

A *L'AMOUR.*

Connoiſſez toute ma tendreſſe.

Je ne veux employer le pouvoir qu'on me laiſſe
Qu'à faire triompher l'Amour.
Fuyez, fuyez ſombre triſteſſe,
Laiſſez regner les Jeux dans cette aimable Cour.

L'AMOUR.

Qu'entens-je ! O Dieux ! ..

L'HIMEN.

Nos cœurs ſont-ils faits pour la haine ?
Le Deſtin m'abandonne un pouvoir glorieux :

Qu'il ſoit égal entre nous deux.
Ma puiſſance pour moi deviendroit une peine,
Si l'Amour étoit malheureux.

L'AMOUR à l'HIMEN.

C'en eſt fait, ma haine expire.

ENSEMBLE.

Je ne vivrai plus que pour vous.

L'HIMEN.

J'ai ſoumis à mes loix deux auguſtes Epoux,
Leur bonheur eſt l'objet des vœux d'un vaſte Empire,
Et l'Univers l'attend de nous.

ENSEMBLE.

Réuniſſons notre puiſſance,
Pour embellir ces nouveaux nœuds.

L'HIMEN.

Lancez, lancez vos traits.

L'AMOUR.

Faites briller vos feux.

ENSEMBLE.

Qu'auprès d'eux les plaiſirs enchaînent la conſtance.
Par nos ſoins à les rendre heureux,
Signalons notre intelligence.

L'AMOUR.

Volez Plaiſirs, célébrez ce beau jour,
Volez, parez l'Himen, qu'il ſoit toujours aimable.

Pour rendre notre accord durable,
Vertus qui le ſuivez, ne quittez plus ma Cour.

Volez Plaiſirs, célébrez ce beau jour,
Volez, parez l'Himen, qu'il ſoit toujours aimable.

BALLET.

Les VERTUS *rendent à* L'AMOUR *ſon arc, ſon carquois & ſon flambeau. Les* GRACES *& les* PLAISIRS *vont reprendre leurs parures. Les Graces parent* L'HIMEN; L'AMOUR *lui donne deux fleches dorées, & ils troquent de flambeau. Les Plaiſirs parent les Vertus de Guirlandes de fleurs; ce Ballet finit par l'union de l'Amour, des Graces & de l'Himen, des Plaiſirs & des Vertus.*

L'AMOUR A L'HIMEN.

Qu'on ne trouve dans l'Univers
Que des Epoux heureux, & des Amans fideles.

L'HIMEN.

Ne vous ſervez plus de vos aîles.

L'AMOUR.

Sous mille fleurs, cachez vos fers.

ENSEMBLE.

Qu'on ne trouve dans l'Univers
Que des Epoux heureux, & des Amans fideles.

CHŒUR.

Regnez, offrez-vous aux mortels
Sous des formes toujours riantes,
Que vos images triomphantes
Brillent ſur les mêmes autels.

FIN DU PROLOGUE.

PREMIÉRE ENTRÉE

OSIRIS.

OSiris étant né bienfaiſant & amateur de la Gloire, aſſembla une grande armée dans le deſſein de parcourir la terre, pour y porter toutes ſes découvertes... Lorſqu'il paſſoit par l'Ethiopie, on lui préſenta des Satyres... Oſiris aimoit la joie, & prenoit plaiſir au chant & à la danſe. Il avoit avec lui une troupe de Muſiciens, & neuf filles inſtruites de tous les Arts. Ainſi, Oſiris voyant que les Satyres étoient propres à chanter, à danſer & à faire toutes ſortes de jeux, il les retint à ſa ſuite. Car d'ailleurs il n'eut pas beſoin de vaquer beaucoup aux exercices Militaires, ni de s'expoſer à de grands périls, parce qu'on le recevoit partout comme un Dieu, qui portoit avec lui l'abondance & la felicité.* DIODORE de Sicile, Livre 1. Sect. Ire, Art. 9 **

On a imaginé qu'un Peuple inſtruit, reſpirant l'amour & le plaiſir, mis en ſcene avec un Peuple d'Amazones ſauvages, pouvoit produire un contraſ-

* DIODORE & les autres Auteurs les appellent *les Muſes*; ce ſont en effet les neuf Filles à qui les Grecs ont donné ce nom.

** On ſe ſert de l'élegante Traduction de M. l'Abbé TERASSON.

te agréable. L'exiſtence, au reſte (au même tems où vivoit Oſiris) d'un peuple d'Amazones telles à peu-près qu'on les a peintes dans cette Entrée, eſt ſuffiſamment juſtifiée par la Fable, & même par quelques Hiſtoires. *

On a pris les principaux traits du caractere d'Oſiris, de ces Vers charmans de Tibule : * *

Primus aratra manu ſolerti fecit Oſiris,
Et teneram ferro ſollicitavit humum. . . .
Non tibi ſunt triſtes curæ, nec luctus Oſiri:
Sed chorus, & cantus, & levis aptus amor:
Sed varii flores, & frons redimitta corymbis,
Fuſa, ſed ad teneros lutea palla pedes,
Et tyriæ veſtes, & dulcis tibia cantu,
Et levis occultis conſcia ciſta ſacris, &c.

* Diod. Liv. 2. Art. 26 & 27, & Liv. 3. Art. 33.
* * Tibule, Liv. 1. Elegie 8.

ACTEURS CHANTANS

OSIRIS, Mr Jeliotte.

ORTHESIE, *Reine d'un Peuple d'Amazones Sauvages*, Mlle Chevalier.

MYRRINE, *Amazone Sauvage.* Mlle Davaux.

Suites D'OSIRIS, D'ORTHESIE, ET DE MYRRINE.

PERSONNAGES DANSANS.

JEUNES EGYPTIENS ET EGYPTIENNES, Représentans le Printems.

Mlle PUVIGNÉE.

Mrs Lepy, Gaillini, Dupré f.

Mlles Couppé, Marquise, Raisme.

MOISSONNEURS, représentans l'Été.

Mrs Trupty, Lochery.

Mlles Victoire, Maupin.

SATYRES, ET SAUVAGESSES représentans l'Automne.

Mr LANY.

Mrs Feuillade, Cayez, Lelievre, Hyacinte, Desplaces, Henry.

Mlle LANY.

Mrs LEPY, GAILLINI.

Mlles Desirée, Sauvage, Ponchon, Granier, Morel, Chomar.

PREMIERE ENTRÉE.

OSIRIS.

Le théâtre repréſente d'un côté des Rochers, de l'autre des arbres mal arrangés : les uns ſont ſans tige, les branches de quelques autres tombent juſqu'à terre.

Dans la perſpective, des rochers & l'entrée de pluſieurs cavernes.

SCENE PREMIERE.

ORTHESIE, MYRRINE.

MYRRINE.

IL faut vaincre, ou ſubir un honteux
eſclavage.
Reine, ces mortels odieux
Oſent braver notre courage,
Ils vont reparoître en ces lieux...
C'eſt du nom d'Oſiris, leur chef audacieux,
Qu'ils font retentir le rivage.

ORTHESIE.

Myrrine, entendois-tu ſes perfides diſcours? ...

Que ces Mortels ſont redoutables!

Mon bras à mon repos doit immoler leurs jours.

Par des ſermens inviolables,

J'ai promis à nos Dieux d'en terminer le cours...

Que ces Mortels ſont redoutables!

Mon bras à mon repos doit immoler leurs jours.

MYRRINE.

Ce ſexe ambitieux n'aſpire

Qu'à l'honneur de nous aſſervir;

Et c'eſt pour uſurper l'empire,

Qu'il feint de vouloir obéir.

Il régnoit en ces lieux, l'eſclavage & les larmes

Etoient le prix de nos appas.

Nos meres en courroux par un juſte trépas,

Vengerent les Dieux & nos charmes.

CHŒUR D'AMAZONES sauvages, derriere le théâtre. ORTHESIE, MYRRINE, & leurs SUITES s'y joignent.

Aux armes... Courons aux armes.
Haine implacable, arme nos bras.

Pendant ce CHŒUR, les AMAZONES sauvages armées viennent en foule sur le théâtre.

OSIRIS arrive en même tems, avec une suite nombreuse.

SCENE II.

OSIRIS, ORTHESIE, MYRRINE,
Suite D'OSIRIS, AMAZONES ſauvages.

OSIRIS,

N'Ecouterez-vous que la haîne,
Quand je viens vous offrir la paix?

Que craignez-vous charmante Reine?
On n'a point d'ennemis quand on a tant d'attraits,
Et c'eſt l'Amour qui vous améne
Des cœurs ſoumis, & de nouveaux ſujets.

Que craignez-vous, charmante Reine, &c.

ORTHESIE.

Téméraire, crains mon couroux...
Fui... Nos Dieux & nos loix de ces lieux vous banniſſent.

MYRRINE, ET LES AMAZONES ſauvages.

Qu'ils ſoient enchaînés, qu'ils périſſent!
Frapons: qu'ils tombent ſous nos coups.

OSIRIS.

Que vous connoiſſez mal le pouvoir de vos charmes!
Eh! Pourquoi recourir aux armes,

Pour nous donner des fers ?
La beauté fait votre partage,
Pour nos cœurs vous êtes l'image
Des Dieux qu'adore l'univers.

Volez, volez à la victoire,
L'Amour & la Gloire
Offrent à vos attraits un triomphe plus doux.

Volez, volez à la victoire,
Laissez régner l'Amour, l'univers est à vous.

ORTHESIE.

Aux douceurs d'un frivole hommage,
Nous savons préférer une noble fierté.

Nous trouvons en ce lieu sauvage,
La Gloire dans notre courage,
Et le bonheur dans notre liberté.

Je vois tes soins comme un outrage,
Mon peuple avec moi le partage,
Qu'espere-tu de ta témérité ?

Nous trouvons, *&c.*

Va, crains la mort, ou l'esclavage

OSIRIS.

Je guide un peuple généreux
Qui, ſans la redouter, fuit l'horreur de la guerre.
Il met tout ſon bonheur à faire des heureux.
Son art, cher aux Humains, orne, enrichit la terre;
Il la rend par ſes ſoins, la rivale des cieux.
Partagez avec nous ſes bienfaits précieux.

ORTHESIE.

Qu'importent ces faux biens au cœur qui les ignore.
Crois-tu par leur appas déſarmer nos rigueurs?

OSIRIS.

Amour, tu peux fléchir les plus ſauvages cœurs.
C'eſt pour ta gloire, Amour, qu'aujourd'hui je t'implore. *à ſa ſuite.*
Vous qui ſuivez mes pas, offrez à leurs regards
Les préſens de Cerès, de Pomone & de Flore,
Et les fruits aimables des Arts.

PREMIER BALLET.

Trois différens Quadrilles repréſentans le Printems, *l'*Eté, * *& l'*Automne, *offrent à* ORTHESIE, *toutes les eſpeces de fleurs & de fruits.*

Ces trois troupes ſe perdent ſucceſſivement dans les rangs des Amazones ſauvages. MYRRINE *ſuit la premiere.*

* Les Satires de la ſuite d'OSIRIS repréſentent l'Automne.

SCENE III.

OSIRIS, ORTHESIE, SUITE D'OSIRIS. SUITE D'ORTHESIE, EGYPTIENS ET EGYPTIENNES représentans les Saisons. *CHŒUR D'AMAZONES SAUVAGES après le Ballet.*

QUels doux parfums, quelles vives couleurs!

OSIRIS, à ORTHESIE.

Dans ces lieux la naissante Aurore
Répandra-t'elle en vain ses pleurs?
Zéphire, pour fixer ses volages ardeurs,
N'y trouvera-t'il jamais Flore?
Ce n'est que pour parer l'amante qu'il adore,
Que son souffle amoureux fait éclore les fleurs.

SCENE IV.

MYRRINE, & les Acteurs de la Scene précédente.

MYRRINE,

AUX AMAZONES.

PEuple leger, ton cœur cesse d'être inflexible.

A ORTHESIE.

Une indigne pitié suspend votre courroux.
Ah! Dussai-je périr, je cours, s'il est possible,
D'un piége trop fatal vous sauver malgré vous.

MYRRINE sort par le fond du theâtre.

SCENE V.

LES MUSES de la suite d'OSIRIS, & les Acteurs de la Scene précédente.

SECOND BALLET.

Les MUSES de la suite D'OSIRIS, après avoir offert à ORTHESIE tout ce que les Arts ont inventé de rare & d'agréable, se réunissent pour produire un Spectacle qui rassemble à la fois les charmes de la Nature, & les merveilles de l'Art. On voit descendre un riche Pavillon

Pavillon festoné de fleurs, qui reste soutenu dans les airs par un Groupe d'Amours. Dans le même tems plusieurs guirlandes attachées par un bout au Pavillon, tombent jusqu'à terre & sont rapidement rélévées par une Troupe d'Amours, qui se plâcent des deux côtés du théâtre en différentes attitudes.

Toutes les Amazones sauvages que la crainte avoit tenues éloignés, accourent à ce Spectacle, & remplissent un des côtés du théâtre. Elles portent un javelot d'une main; elles tiennent de l'autre des fleurs & des fruits, dont les Acteurs du Ballet étoient chargés, & qu'ils ont abandonés à ce Peuple sauvage.

CHŒUR d'Amazones Sauvages.

QUels objets enchanteurs ! Quels charmes inconnus !
Un Dieu seul a pû les produire.

ORTHESIE, à part.

Ils m'étonnent, sans me séduire,
Et je ne crains que ses vertus.

Les Acteurs du Ballet sortent.

SCENE VI.

OSIRIS, ORTHESIE, & leur SUITE.

OSIRIS, en approchant D'ORTHESIE.

VOtre peuple, qu'inſtruit la voix de la nature,
Semble oublier les ſermens qu'il a faits.

ORTHESIE.

Ciel! Suſpendre nos coups, eſt peut-être un parjure.

OSIRIS.

Ces barbares ſermens offenſent vos attraits,
Et ſont pour les Dieux une injure.

Les Dieux ne nous donnent le jour
Que pour nous voir unis par les plus douces chaînes.
Ces nœuds charmans adouciſſent les peines,
Et du plaiſir qui fuit, aſſurent le retour....

ORTHESIE.

Aux accens d'une voix ſi tendre,
Le charme qui vient me ſaiſir
Dans les airs ſemble ſe répandre.
Aux accens d'une voix ſi tendre,
On croit reſpirer le plaiſir...

Quelle foibleſſe ! O Ciel !... Hâte-toi de partir,
* Ou ſonge à te défendre.

OSIRIS.

** Non, frappez, ou ceſſez enfin de me haïr.

CHŒUR de la ſuite D'OZIRIS.

A l'Amour tout doit rendre hommage
Les plaiſirs, le bonheur ſont le prix de nos vœux.

ORTHESIE.

Le trouble que je ſens feroit-il ſon ouvrage !
Eh ! Quel eſt donc ce Dieu qu'on ignore en ces lieux ?

OSIRIS.

Il régne en Souverain ſur toute la Nature,
Elle ſe ranime à ſa voix ;
Les jours ſont plus ſerains, l'onde devient plus pure,
Mille charmans concerts font retentir les bois,
Les fleurs naiſſent, les champs ſe parent de verdure :
Pour embellir la terre, il lui donne des loix.

On entend un bruit de guerre ſauvage. On voit ſortir des cavernes du fonds du théâtre, & paroître au ſommet des rochers, une troupe d'Amazones ſauvages conduite par Myrrine.

* En levant le bras pour frapper OSIRIS.
** En s'offrant aux coups D'ORTHESIE.

SCENE VII.

OSIRIS, ORTHESIE, MYRRINE, & leurs Suites.

MYRRINE, & sa suite fondant sur OSIRIS.

QUe notre serment s'accomplisse,
Qu'Osiris périsse !
Vengeons nos Dieux irrités.

ORTHESIE qui se précipite entre OSIRIS. *&* MYRRINE.

O Ciel!.. Barbares, arrêtez...
Obéissez à votre Reine.

MYRRINE, & sa Suite.

Non, non, n'écoutons que la haine.
Vengeons nos Dieux irrités.

ORTHESIE.

Barbares, arrêtez,

A SA SUITE.

Accourez à la voix de votre Souveraine.
Defendez Osiris de leur rage inhumaine.

OSIRIS, ORTHESIE, CHŒURS *de leur Suite.*

Barbares, arrêtez,
Obéissez à votre Reine.

MYRRINE est envelopée par la suite d'OSIRIS, & d'ORTHESIE.

ORTHESIE.

Qu'on la désarme, qu'on l'enchaîne.

MYRRINE désarmée, à ORTHESIE.

Tu m'accables en vain, je suis libre & tu sers.
Va, ton injustice & mes fers
Sont moins à craindre que ta chaîne.

On l'emmene.

SCENE VIII.

OSIRIS, ORTHESIE, *& leur suite.*

OSIRIS.

Vous défendez des jours que j'offre à vos appas.
N'ayez plus d'allarmes.
Les Jeux & les Plaisirs qui marchent sur mes pas,
Contre vous sont nos seules armes.

ORTHESIE.

Eh! Que feroit sans toi l'appareil qui te suit?...
C'est à la main qui les conduit,
Que les plaisirs doivent leurs charmes.

OSIRIS.

Qu'entens-je ?.. Je triomphe, & l'Amour est vainqueur.

ORTHESIE.

L'Amour en m'éclairant, commence mon bonheur.

OSIRIS.

Qu'à la voix d'Osiris ces déserts s'embellissent.
Rochers affreux, disparoissez.
Volez, Zéphirs volez, aimables fleurs naissez.
Que pour s'aimer toujours nos deux Peuples s'unissent.

Le fonds du théâtre change, & représente une campagne fertile, chargée de moissons, de fleurs, & de fruits.

L'union des deux Peuples fait le sujet du dernier Divertissement.

ORTHESIE.

Heureux Oiseaux l'Amour embellit ces bocages :
Chantez son triomphe avec nous ;
A nos voix joignez vos ramages.
Si vos chants sont plus doux,
Nous serons moins volages
Et plus tendres que vous.

Heureux Oiseaux, *&c.*

L'entrée finit par une contredanse générale sur le chant des Oiseaux.

FIN DE LA PREMIERE ENTRÉE.

SECONDE ENTRÉE.

CANOPE.

ON célébroit en Egypte vers le Solstice d'Eté, une Fête solemnelle en l'honneur du Dieu des Eaux. Ce jour de joie étoit ensanglanté par * le sacrifice barbare d'une jeune Fille.

Les Historiens raportent que la célébre ville de Memphis fut ainsi nommée de la Fille du Roi, qui la bâtit, & les Egyptiens croyoient que cette Princesse avoit été aimée du Nil. ** Ce Dieu étoit pour eux le plus redoutable. Ils pensoient ne devoir qu'à sa puissance la fécondité ou la sterilité de la terre. Il avoit d'ailleurs obtenu, *** par l'artifice de ses Prêtres, la superiorité sur le Dieu même des Chaldéens, auquel toutes les idoles des autres Nations l'avoient cédée.

C'est sur ces materiaux qu'on a imaginé cette Entrée. On a cru entrevoir dans ce fonds (s'il étoit bien traité) cet intérêt théatral qui remue le cœur, quelques-unes de ces situations précieuses qui donnent une libre carriere au génie du Musicien, & un Spectacle d'autant plus agréable, qu'il n'est en partie, que l'image d'un des effets surprenans de la nature.

* On ignore quand & pourquoi cet horrible sacrifice fut institué. Les Auteurs se taisent encore sur le tems & sur les motifs de son abolition.

** Il nâquit un fils de leurs amours, qui donna son nom à l'Egypte. Le Dieu du Fleuve après avoir successivement porté plusieurs noms différens, retint enfin celui de *Nil* de *Nilée*.

*** Ruffin, *Hist. Ecclesiast. liv.* 11. *chap.* 26.

ACTEURS CHANTANS.

CANOPE, *Dieu des Eaux*,	Mr Gelin.
AGERIS, *Dieu de ſa Suite.*	Mr De la Tour.
MEMPHIS, *jeune Nymphe*,	Mlle Chevalier.
LE GRAND-PRESTRE *du Dieu* CANOPE,	Mr Cuvillier.
UNE EGYPTIENNE.	Mlle Dubois.

DIEUX ET NAYADES.

EGYPTIENS, EGYPTIENNES.

PERSONNAGES DANSANS.

SACRIFICATEURS.

Mr LAVAL.

Mrs Feuillade, Caiez, Le Lievre, Hyacinte, Deſplaces, Henry.

PEUPLES de la Suite de CANOPE.

Mr LYONNOIS.

Mrs Feuillade, Caiez, Le Lievre, Hyacinte, Deſplaces, Henry.

Mlle LYONNOIS.

Mlles Courcelles, Ponchon, Chevrier, Granier, Couppé, Chomar.

SECONDE

SECONDE ENTRÉE.

CANOPE.

La théâtre repréſente un bocage ſur les bords du fleuve ; on voit dans la perſpective les cataractes, & la chaîne de Montagnes qui ſépare l'Egypte de l'Ethiopie.

SCENE PREMIERE.

*CANOPE, AGERIS.

AGERIS.

L'Egypte dans ce jour croit vous rendre
propice,
En offrant ſur ces bords un nouveau ſacrifice.
On choiſit la victime, & le ſang va couler.
Cette fête cruelle eſt pour vous un outrage,
La verrez-vous ſans la troubler?

* CANOPE porte un habit de ſimple Egyptien.

CANOPE.

Mon ame eſt toute entiere à l'objet qui m'engage:
L'Amour retient mon bras vengeur.
D'un vil peuple aveuglé, je dédaigne l'hommage,
Et je ne ſens que mon bonheur.

AGERIS.

Un Dieu qui ſoupire
Eſt sûr d'être écouté.
Dans ſon hommage la beauté
Trouve tout ce qu'elle déſire.

Un Dieu qui ſoupire
Eſt sûr d'être écouté.

CANOPE.

Juge mieux du beau feu que ma flâme a fait naître,
Memphis ne voit en moi qu'un mortel amoureux:
Sous le nom de Nilée, en m'offrant à ſes yeux,
Le Dieu ne s'eſt point fait connaître.

L'éclat de la Grandeur ſuprême
N'a point touché l'objet dont je ſuis enchanté,
L'éclat de la Grandeur ſuprême
N'a point ſéduit ſa vanité;
Quelle félicité!

Je ne dois ſon cœur qu'à moi-même.
Il eſt tems de me découvrir...
Elle vient, & je vais jouir
Du plaiſir de combler les vœux de ce que j'aime.

AGERIS ſort.

SCENE II.

CANOPE, MEMPHIS.

MEMPHIS.

AH! Nilée, eſt-ce vous? Je tremble, je frémis!..
Le ſort doit aujourd'hui déclarer la victime.

CANOPE.

Ce Sacrifice n'eſt qu'un crime.

MEMPHIS.

L'Egypte le croit juſte, & le Ciel l'a permis.
Un Dieu terrible nous menace.
Je l'ai vû cette nuit... Ce ſouvenir me glace.

CANOPE.

Eſt-il des Dieux aſſez puiſſans,
Pour détruire un bonheur qu'avec vous je partage?

MEMPHIS.

Hélas! Un doux ſommeil avoit charmé mes ſens.
Autour de moi les ſonges bienfaiſans

Ne retraçoient que votre image...
Tout à coup, le tonnerre éclate dans les airs,
La foudre perce le nuage...
Le Dieu s'offre à mes yeux précédé des éclairs.

Le croiriez-vous? Ce Dieu barbare
Sembloit avoir pris tous vos traits.
Il approche. Mon cœur s'égare...
Je veux fuir... La frayeur de mon ame s'empare,
Et le réveil détruit ces terribles objets.

CANOPE.

Un Songe qui cause nos craintes
N'est souvent qu'un présage heureux.
L'instant, où nous croyons l'Amour sourd à nos plaintes,
Est l'instant qu'il choisit pour couronner nos feux.
Un songe qui cause nos craintes,
N'est souvent qu'un présage heureux.
Connoissez votre Amant, & n'ayez plus d'allarmes...

CHŒUR *derriere le théâtre, dans l'éloignement.*

Quelle victime! O ciel!... Malheureuse Memphis!...

MEMPHIS.

Nilée, entendez-vous ces cris?...

CHŒUR derriere le théâtre qui paroît s'approcher.

Dieu puiſſant, pardonne à nos larmes...
Quel victime! O ciel! Malheureuſe Memphis.

CANOPE.

Juſtes Dieux! C'eſt ſon ſang qu'on oſeroit répandre!
Barbares! ... C'eſt à moi, Memphis, à vous défendre.
Ce Peuple odieux va me voir.

Il ſort.

MEMPHIS qui le ſuit.

Où courez vous? Hélas! Qu'oſez-vous entreprendre?
Il va périr... Nilée? ... Il ne peut plus m'entendre...
Rien ne manque à mon déſeſpoir.

SCENE III.

MEMPHIS.

VEille Amour, veille ſur les jours
Du fidele Amant que j'adore:
Vole Amour, vole à ſon ſecours,
C'eſt pour lui ſeul que je t'implore.

SCENE IV.

MEMPHIS, LE GRAND PRESTRE DU DIEU CANOPE, PRESTRES, PEUPLES D'EGYPTE.

LE GRAND PRESTRE.

JE gémis des rigueurs du ſort.
Memphis, l'Urne fatale a proſcrit votre vie.

MEMPHIS.

Si je la perds pour la Patrie.
Frappe. Je ne crains point la mort.

BALLET FIGURÉ.

Les PRESTRES *du Dieu* CANOPE *élévent ſur les bords du fleuve un autel de gazon, & y placent tout ce qui eſt néceſſaire pour le Sacrifice.*

Les PRESTRESSES *Egyptiennes entourent* MEMPHIS, *& la parent de guirlandes de fleurs, en déplorant le malheur de la Victime.*

HYMNE

AU DIEU DU FLEUVE.

LE GRAND-PRESTRE

Alternativement avec les CHŒURS.

DIeu bienfaiſant, puiſſent tes eaux fécondes
Se répandre à jamais dans ces climats ſerains. *
L'Aſtre du jour, ſi tu ne le ſecondes,
Fait en vain ſur nos champs briller ſes feux divins.
L'abondance ne ſuit que le cours de tes ondes.
Tu tiens dans tes grottes profondes
Les tréſors de la terre & le ſort des humains.

* Te propter nullos tellus tua poſtulat Imbres,
Arida nec pluvio ſuplicat herba Jovi. *Tib. Eleg.* 8. *du Liv.* 1.

SCENE V.

On place la Victime sur l'autel. Le Grand-Prêtre saisit le coûteau sacré. Il leve le bras... Tout-à-coup le ciel s'obscurcit : Il part des cataractes, & du milieu du fleuve des éclats pareils à ceux du tonnerre. Les flots se soulevent, & forment un débordement formidable.

On voit le Dieu sur un char traîné par des crocodiles s'élancer du haut des cataractes, jusqu'au milieu du fleuve. Il est entouré de toute sa Cour.

LE DIEU CANOPE, sa Suite au milieu du Fleuve,
MEMPHIS évanouie sur l'autel.
LE GRAND-PRESTRE.
PRESTRES, PEUPLES D'EGYPTE.

CANOPE,
Alternativement avec sa Suite.

IMpétueux torrens,
D'un Dieu vengeur signalez la colere.
Que la mort pour punir la terre,
Vole sur les aîles des vents.

LE GRAND-PRESTRE, avec les PRESTRES & les PEUPLES.

CIel ! O ciel ! Quels débordemens!
Tout périt. Dieu terrible, apaise ta colere,
Ecoute nos gémissemens.

CANOPE.

CANOPE au milieu du fleuve.

Peuple aveugle, crois-tu m'honorer par un crime!
N'apprendras-tu jamais à connoître les Dieux?
Fuis & respecte la victime.
Entraîne loin de moi tes Prêtres odieux.

CHŒUR DE PRESTRES ET DE PEUPLES.

Fuyons tous, fuyons tous.

Les PRESTRES *& le* PEUPLE *fuyent, la suite de* CANOPE *descend sous les eaux, les flots se retirent.*

SCENE VI.

CANAPE, MEMPHIS *évanouie sur l'Autel.*

CANOPE.

Quel spectacle touchant pour une ame sensible!

Il descend du char.

Belle Memphis, le ciel, l'onde, tout est paisible.
Un Dieu qui vous adore embrasse vos genoux.

MEMPHIS.

Quelle voix au jour me rappelle?...
Où suis-je!..Cher Nilée..Ah! Quelle erreur cruelle?..
Songe terrible! Helas!.. Ciel! en qui m'offrez-vous
Des traits, & des accens si doux!

CANOPE.

Memphis, n'en doutez point, c'eſt votre amant lui-même.

MEMPHIS.

Vous trompez mes regards, ſans ſurprendre mon cœur...
Ah! Je ne vois qu'un Dieu qui comble ma terreur,
Sous les traits de l'amant que j'aime.

Dieu redoutable, hélas! Laiſſez-vous déſarmer;
Ne le puniſſez pas d'avoir charmé mon ame.
Tout doit vous attendrir en faveur de ma flâme,
Par vous-même cent fois j'ai juré de l'aimer...

Cher Amant, je ſerai fidele,
Dût le ciel en courroux m'accabler de tourmens:
A la face du Dieu qui reçut mes ſermens,
Ma flâme te les renouvelle.

CANOPE.

Vous pénétrez mon cœur de plaiſir & d'amour.
Une erreur trop long-tems a cauſé vos allarmes.
Je vous vis ſur ces bords, je brulai pour vos charmes;
Sous le nom d'un mortel, j'eſperai qu'à mon tour...

MEMPHIS.

Qu'entens-je! O ciel! Quel heureux jour!

Mon cœur parloit en vain, & je n'osois le croire.

ENSEMBLE.

Vous m'aimez, je n'en puis douter.
Quel bonheur! Quelle gloire!
Tout ce qui pouvoit me flatter
Embellit ma victoire.

MEMPHIS.

Croyez-vous que j'oublie un peuple malheureux,
Lorsque mon bonheur est extrême?
Je dois jouir du bien suprême,
De porter jusqu'à vous son encens, & ses vœux.

CANOPE.

Amour! Ah! De quel cœur m'as-tu rendu le maître!
Memphis, vous allez me connoître.
Tout va se ressentir du bonheur de mes feux.
Ce n'est qu'en faisant des heureux
Que l'on peut meriter de l'être.

Vous qui m'obéissez, accourez à ma voix,
Venez, chantez mes feux, & célébrez mon choix.
Et vous Peuples, cessez de craindre ma colere.
Venez, acourez à ma voix:
Nilée à Memphis à sçu plaire;
Sous ce nom désormais, je vous donne des loix.

SCENE VII.

LE Dieu CANOPE, MEMPHIS, DIEUX ET NAYADES du Fleuve, Peuples Egyptiens qui forment le Divertissement.

Entrée de la suite de CANOPE.

CANOPE, MEMPHIS.

Tendre Amour, dans tes chaînes,
s'il en coute des soupirs,
Tu répans sur les peines
Tous les attraits des plaisirs.
Les langueurs,
Et les pleurs
Conduisent aux faveurs.
Les amours
Font toujours
Le charme des beaux jours.

CHŒUR. *On danse.*

Tendre amour, &c.

UNE EGYPTIENNE.

Amour, lance tes traits, fais triompher tes feux;
Pour le bonheur du monde assure ta victoire.
On voit toujours régner les plaisirs & les jeux,
La paix, l'abondance & la gloire
Sous les loix d'un amant heureux.
Amour lance tes traits, &c.

FIN DE LA SECONDE ENTRÉE.

TROISIÉME ENTRÉE.

ARUERIS OU LES ISIES.

ARUERIS, reconnu chez les Egyptiens pour le Dieu des Arts, étoit fils D'OSIRIS & D'ISIS. Plutarque, qui rapporte sa naissance extraordinaire, dit que ce Dieu fut le modele sur lequel les Grecs firent leur Apollon.

Les Isies ou *Isiennes* étoient des Fêtes célébres instituées en l'honneur de la Déesse ISIS, que les Egyptiens honoroient comme la Déesse universelle. * Les Historiens parlent de cette solemnité d'une maniere peu avantageuse. Cependant les Egyptiens passoient pour le peuple le plus sage de la terre, & les Prêtres d'Isis étoient, selon Diodore & Plutarque, des Philosophes extrêmement rigides. Ces Fêtes au reste, étoient *un mystere impénétrable.* Pausanias raconte qu'un homme de Copte mourut subitement pour avoir voulu en révéler les secrets. Ces particularités ont fait présumer que dans leur institution, elles étoient telles à peu-près qu'on les a mises en scene. Les reproches des Historiens ne tombent sans doute, que sur les abus qui s'y étoient glissés depuis : Ne peuvent-ils pas corrompre les établissemens les plus respectables ?

* Elien, Hist. des Animaux, Liv. 10. Chap. 23. Apulée, Liv. 11. de ses Métam.

ACTEURS CHANTANS.

ARUERIS, *Dieu des Arts*, Mr Jeliotte.

ORIE, *jeune Nymphe*, Mlle. Fel.

UN EGYPTIEN, Mr Person.

UN BERGER EGYPTIEN, M. Poirier.

UNE BERGERE EGYPTIENNE, Mlle Davaux.

UNE EGYPTIENNE, Mlle Dubois.

PERSONNAGES DANSANS.

EGYPTIENS, EGYPTIENNES.

PAS DE CINQ.

Mrs LANY, LYONNOIS, LAVAL.
Mlles PUVIGNÉE, LANY.

Mlle VESTRIS.
Mlle LYONNOIS.

Mrs Hamoche, Beat, Gaillini, Lepy, Henry, Locheri, Trupty, Dupré f.

Mlle Desirée, Sauvage, Dazenoncour, Granier, Raisme, Couppé, Maupin, Chomar.

TROISIÉME ENTRÉE.

ARUERIS,

OU LES ISIES.

Le Théâtre représente une Terrasse circulaire dont le bas est de gazon, & l'appui de Charmille. Au-dessus de la Terrasse on voit de grands arbres isolés qui forment une voute, avec des percées dans les plat-fonds. Les côtés forment des contre-allées voutées : Il y a deux escaliers par lesquels on monte sur les terrasses. La Perspective du fonds est une campagne agréable.

SCENE PREMIERE.

ARUERIS.

LE bonheur de la Terre est le bien où j'aspire,
Les Talens vont prêter des charmes aux loisirs :
J'assure en fondant leur Empire,
Des armes à l'Amour, aux Mortels des plaisirs.

Le Dieu des Arts eſt l'apui de ta gloire
Tendre Amour, ſeconde ſes vœux.
Eclaire l'objet de mes feux,
L'erreur qui le ſéduit balance ma victoire;
Que ton flambeau brille à ſes yeux.

SCENE II.

ARUERIS, ORIE.

ORIE.

INgrat, pour les beaux arts votre amour ſe ſignale,
Dans les Jeux que vous ordonnés.
Le prix dont vous les couronnés
Ne m'annonce que trop une heureuſe rivale.

ARUERIS.

Les Talens à l'envi, par d'agréables jeux,
Vont célébrer d'Iſis la gloire & la naiſſance,
Et des vainqueurs, l'Amour doit couronner les vœux.
Je leur offre la récompenſe,
Qui peut ſeule être digne d'eux.
Les dons les plus brillans ſont votre heureux partage.
Dédaignez-vous le prix qui leur eſt préſenté?

ORIE.

ORIE.

Ces foibles dons ſur la beauté
Doivent-ils avoir l'avantage ?

ARUERIS.

A nos cœurs la beauté porte les premiers coups :
Son aimable empire ſur nous
Triomphe de l'indifference ;
Mais à des traits plus ſûrs & peut-être plus doux,
L'amour conſtant doit ſa puiſſance.

ORIE.

Eh ! Quels ſont ces traits précieux ?
Leur pouvoir doit me faire envie,
Puiſqu'ils ſont ſi chers à vos yeux.

ARUERIS.

L'art des talens, aimable Orie,
Bannit l'ennui de nos loiſirs.
Il faut, comme à la terre, à la plus belle vie,
Ces charmes variés d'où naiſſent les plaiſirs.

Cette plaine vaſte & féconde
Ne préſente à nos yeux qu'une froide beauté ;
Mais l'azur des cieux répété
Dans le criſtal brillant de l'onde,
Les bois, les valons, les côteaux,
L'émail des fleurs, & la verdure
Rendent toujours riant, par leurs divers tableaux,
Le Spectacle de la nature.

ORIE.

L'Amour ſuffit aux cœurs qu'il ſait bien enflâmer.

ARUERIS.

Ah ! Je vous aime Orie, autant qu'on peut aimer...

ORIE.

De ces Jeux ſolemnels quel eſt donc le myſtere ?

ARUERIS.

Souvent la ſageſſe des Dieux
Cache le bien qu'elle veut faire
Sous un voile myſterieux.

ORIE.

Mais peut-être qu'aux loix d'un Vainqueur odieux...

ARUERIS.

N'en recevez que de vous-même.
Entrez dans la carriere, embeliſſez nos Jeux.
Le triomphe de ce que j'aime
Eſt le ſeul qui manque à mes vœux.
Entrez dans la carriere embeliſſez nos Jeux.

ORIE.

Je puis tout oſer pour vous plaire...
Ah ! C'eſt vainement que j'eſpere :
Mes Talens négligés doivent trop m'allarmer.

Hélas ! Quand leur ſecours me devient néceſſaire
Je n'ai plus que celui d'aimer.

ARUERIS.

C'eſt le plus enchanteur. Lui ſeul les fait tous naître.
Eh ! Que feroient les Talens ſans l'Amour ?
Il les inſpire, il les force à paraître,
Il leur prête ſes traits, les place dans leur jour,
Et ſa flâme eſt leur premier Maître.

On entend le Prélude de la Fête.

On vient... Triomphe Amour, diſſipe ſon erreur.

ORIE *ſort.*

SCENE III.

ARUERIS, EGYPTIENS chantans, danſans, & jouans de toutes ſortes d'inſtrumens.

ENTRÉE D'EGYPTIENS ET D'EGYPTIENNES, qui viennent diſputer le prix des Arts, & des Talens.

ARUERIS.

VOs plaiſirs, & votre allegreſſe
Sont pour Iſis l'encens le plus flatteur;
Que ſa gloire, & votre bonheur
Eclatent dans les Jeux que j'offre à la Déeſſe.

ARUERIS ſe place ſur un trône élevé ſur le devant du théâtre, & le Peuple ſur les terraſſes & ſur les ſiéges de gazon. Les Joueurs d'inſtrumens ſont ſur la terraſſe du fond, & la Danſe par Quadrilles, occupe les deux côtés du théâtre.

HYMNE A ISIS, pour le prix de la Voix.

UN BERGER EGYPTIEN.

Brillez Sons enchanteurs, & volez juſqu'aux cieux;
De la divine Iſis célébrez la mémoire.

UN EGYPTIEN.

Que les échos de cet Empire heureux,
Retentiſſent de ſa gloire.

DEUX EGYPTIENNES.

Le bonheur régne, ou fuit au gré de ſes déſirs,
Elle rend la terre féconde.

UN EGYPTIEN & LES DEUX EGYPTIENNES.

Aquilons furieux, & vous tendres Zéphirs.
A ſa voix, vous volez ſur l'onde.

LES DEUX EGYPTIENS.
ET LES DEUX EGYPTIENNES.

Elle donne aux Mortels la paix & les plaiſirs,
Des Dieux à l'Univers, & des Maîtres au Monde.

QUINQUE *en aſſaut, ſur lequel les* CHŒURS *reprennent.*

Brillez, Sons enchanteurs, & volez juſqu'aux cieux.
De la divine Iſis, célebrez la mémoire.
Que les échos de cet empire heureux,
Retentiſſent de ſa gloire.

PREMIER BALLET.

Les Joueurs d'Inſtrumens diſputent par différens Airs, le prix de la Muſique. *

Et les Egyptiens danſans, diſputent ſur ces mêmes airs, le prix de la Danſe.

* Tous ces Airs ſont des aſſauts de divers Inſtrumens qui prennent les uns ſur les autres.

AIRS PARODIÉS DU BALLET;

pour la Dispute du Prix de la Voix.

UNE BERGERE EGYPTIENNE.

L'Amant que j'adore
Alloit former de nouveaux nœuds;
J'entendis des oiseaux heureux,
Les chants amoureux
Au lever de l'aurore.

J'imitai leurs accens,
Mon Amant courut pour m'entendre;
Mes sons touchans
L'ont rendu fidele, & plus tendre
Je dois mon bonheur à mes chants.

On continue le Ballet.

UN BERGER EGYPTIEN

Jouant de la Musette.

Ma Bergere fuyoit l'amour;
Mais elle écoutoit ma Musette.
Ma bouche discrette
Pour ma flâme parfaite,
N'osoit demander du retour.

Ma Bergere auroit craint l'amour;
Mais je fis parler ma Musette.

Ses ſons plus tendres chaque jour
Lui peignoient mon ardeur ſecrette :
Si ma bouche étoit muette,
Mes yeux s'expliquoient ſans détour.

Ma Bergere écouta l'amour,
Croyant écouter ma Muſette.

Le Ballet continue. Il eſt interrompu par ORIE.

SCENE DERNIERE.

ARUERIS, ORIE, *&c.*

ORIE.

POur entendre ma voix, Peuple, ſuſpens tes Jeux.
Naiſſez du tranſport qui me preſſe,
Naiſſez Accens harmonieux.
Charmes du ſentiment, divine & douce yvreſſe,
Paſſez dans mes chants amoureux.

Enchantez l'Amant que j'adore,
Sons touchans, ſecondés mes feux.
Allez juſqu'à ſon cœur, rendez plus tendre encore
L'amour qui brille dans ſes yeux.

Sons brillans, hâtez-vous d'éclore,
Volez, ſoyez l'image des Zéphirs.
Amuſez l'Amant que j'adore:
Volez, ſoyez l'image des Zéphirs.

Peignez le doux penchant qui les ramene à Flore;
Gardez-vous d'exprimer leurs volages ſoupirs.
Qu'à jamais mon Amant ignore
Si l'inconſtance a des plaiſirs.

TOUS LES CHŒURS.

Ciel, quels accens !....

LES CINQ qui ont diſputé le Prix de la Voix.

Triomphez, belle Orie,

TOUS.

Remportez le prix de la Voix.

LES CINQ.

Loin de nos cœurs les tourmens de l'Envie
L'amour ſeul nous donne des loix.

* *ARUERIS, avec LES CHŒURS & LES CINQ.*

Triomphez, belle Orie,
Remportez le prix de la Voix.

ARUERIS.

A l'objet de vos vœux vous allez être unie,
Et la félicité ne dépend que de vous.

* Il donne à ORIE une Couronne de Mirthe.

ORIE.

ORIE.

A l'Amour je dois ma victoire.
C'eſt pour lui dans ces jeux que j'ai cherché la gloire,
Et c'eſt de votre main que j'attens un Epoux.

ARUERIS, en lui offrant la main.

Je partage le prix d'un triomphe ſi doux !
Et vous Peuple aimable,
L'Himen va couronner vos efforts généreux.
Venez, qu'une chaîne durable
Vous uniſſe & vous rende heureux.

SECOND BALLET.

Tous ceux qui ont diſputé les differens Prix des Arts, forment ce Ballet, ARUERIS ET ORIE les uniſſent à l'objet de leur tendreſſe.

UN EGYPTIEN.

Belles, amuſez vos amans
Vous les verrez toujours fideles.

Sur les pas des Talens,
Les plaiſirs renaiſſans
Donnent aux nœuds les plus conſtans

Le charme des chaînes nouvelles.
Belles, amuſez vos amans
Vous les verrez toujours fideles.

Les Graces triomphent du tems,
En fixant les Jeux auprès d'elles.

Belles, amusez vos amans
Vous les verrez toujours fideles.

LE BALLET continue.

ARUERIS, alternativement avec ORIE.

ET LES CHŒURS.

Himen, c'est le jour de ta gloire,
Vole, allume tes feux au flambeau de l'Amour.
Qu'à jamais de cet heureux jour
Les Jeux, & les Plaisirs consacrent la mémoire.

Himen, c'est le jour de ta gloire,
Vole, allume tes feux au flambeau de l'Amour.

FIN.

APPROBATION.

J'Ai lû par ordre de Monseigneur le Chancelier une reimpression du Ballet *des Fêtes de l'Himen & de l'Amour, ou les Dieux d'Egypte.* A Versailles, ce 17 Juin 1754.

DEMONCRIF.

PRIVILEGE DU ROY.

LOUIS par la grace de Dieu, Roy de France & de Navarre : A nos amés & feaux Conseillers, les Gens tenans nos Cours de Parlemens, Maîtres des Requêtes ordinaires de nôtre Hôtel, Grand'Conseil, Prevôt de Paris, Baillifs, Sénéchaux, leurs Lieutenans Civils, & autres nos Justiciers qu'il appartiendra, Salut. Nôtre très cher & bien amé le Sieur LOUIS-ARMAND EUGENE DE THURET, cy-devant Capitaine au Regiment de Picardie; Nous a fait représenter que, par Arrest de nôtre Conseil du 30 May 1733. Nous avons revoqué le Privilege qui avoit été accordé au Sieur le Comte & ses Associez, pour raison de l'Academie Royale de Musique, ses circonstances & dépendances, & rétabli ledit Privilege en faveur dudit Sieur Exposant, pour en joüir par lui, ses Associez, Cessionnaires & ayans-cause, aux charges & conditions portées par ledit Arrest, pendant le temps & espace de vingt-neuf années, à compter du premier Avril de ladite année 1733 & que pour l'exploitation dudit Privilege, ledit Sieur Exposant se trouve obligé de faire imprimer & graver les Paroles & la Musique des Opera qui doivent être représentés; mais que pour cet effet il a besoin de notre Permission & des Lettres qu'il Nous a très-humblement fait supplier de lui accorder. A CES CAUSES, voulant favorablement traiter ledit Exposant : Nous lui avons permi & permettons par ces Presentes, de faire imprimer & graver *les Paroles & Musiquedes Opera, Ballets & Fêtes qui ont été ou qui seront representés par l'Academie Royale de Musique, tant séparément que conjointement*, en tels Volumes forme, marge, caractere, & autant de fois que bon lui semblera, & de les faire vendre & debiter partout notre Royaume; pendant le temps de vingt-neuf années consecutives à compter du jour de la datte desdites Présentes. Faisons défenses à toutes personnes de quelque qualité & condition qu'elles soient d'en introduire d'Impression ou Gravures Etrangere dans aucun lieu de nôtre obéissance: Comme aussi à tous Imprimeurs, Libraires, Graveurs, Imprimeurs Marchands en Taille-Douce, & autres de graver, ni faire graver d'imprimer, ou faire imprimer, vendre, faire vendre, débiter ni contrefaire lesdites Impressions, Planches & Figures de Paroles, de Musique des Opera, Ballets & Fêtes, qui ont été ou qui seront representez par ladite Academie Royale de Musique, tant séparément que conjointement en tout ni en partie, sans la permission expresse & par écrit dudit Sieur Exposant, ou de ceux qui auront droit de lui; à peine de confiscation tant des Planches & figures que des Exemplaires contrefaits, & des Ustanciles qui auront servi à ladite contrefaction, que Nous entendons être saisis en quelque lieu qu'ils soient trouvez, de dix mille livres d'amende contre chacun des Contrevenans, dont un tiers à Nous, un tiers à l'Hôtel-Dieu de Paris, l'autre tiers audit Sieur Exposant, & de tous dépens, dommages & interests, à la charge que ces Présentes seront entegistrées tout au long sur le Registre de la Communauté des Libraires & Imprimeurs de Paris, dans trois mois de la datte d'icelles; que la Gravure & Impression desdites Paroles & Opera sera faite dans notre Royaume & non ailleurs, en bon papier & beaux caracteres, conformément aux Reglement de la Librairie, & notamment à celui du dix Avril 1725. & qu'avant de l'exposer en vente les Manuscrits gravés ou imprimé seront remis dans le même état où l'Approbation y aura été donnée és mains de notre très-cher & feal Chevalier Garde des Sceaux de France, le Sr Chauvelin; qu'il en sera remis deux Exemplaires de chacun dans notre Bibliotheque publique un dans celle de notre Château du Louvre, & un dans celle de notre très-cher & feal Chevalier Garde des Sceaux de France le Sr Chauvelin. Le tout à peine de nullité des Présentes; Du contenu desquelles Vous mandons & enjoignons de faire jouir ledit Sieur Exposant, ou ses Ayants-cause, pleinement & paisiblement sans souffrir qu'il leur soit fait aucun trouble ou empêchement. Voulons que la Copie desdites Présentes, qui sera imprimée tout au long au commencement ou à la fin dudit Ouvrage, soit tenue pour dûement signifiée; & comme Copies collationnées par l'un de nos amés & feaux Conseillers & Secretaires, foy soit ajoûtée comme à l'Original. Commandons au premier notre Huissier ou Sergent, de faire toute exécution d'icelles tous Actes requis & necessaires, sans demander autre permission : & nonobstant Clameur de Haro, Chartre Normande & Lettres à ce contraires. CAR tel est nôtre plaisir. DONNÉ à Fontainebleau, le douziéme jour du mois de Novembre, l'An de Grace mil sept cent trente-quatre, & de notre Regne le vingtiéme *Et plus bas*, Par le Roy en son Conseil. *Signé* SAINSON, avec paraphe.

Registré sur le Registre VIII. de la Chambre Royale des Libraires & Imprimeurs de Paris, N. 797. fol. 779. conformément aux anciens Réglemens, confirmés par celui du 28 Février 1723. A Paris le 23 Novembre 1734.

G. MARTIN, *Syndic.*

www.ingramcontent.com/pod-product-compliance
Lightning Source LLC
LaVergne TN
LVHW011956160826
845678LV00002B/568

* 9 7 8 2 3 2 9 6 7 2 5 5 7 *